Werkstatt Lesen 1

Arbeitsheft zur Leseförderung

Herausgegeben von
Wolfgang Menzel

Erarbeitet von
Melanie Baie
Wolfgang Menzel
Udo Schoeler

Illustration:
Angelika Çıtak

Umschlag:
Petra Kerker mit einer Illustration
von Angelika Çıtak

Schroedel

Inhalt

Liebe Schülerin, lieber Schüler,

mit diesem Heft kannst du das Lesen üben,
in der Schule oder zu Hause,
allein oder mit anderen zusammen.

Manche Aufgaben sind leicht
und manche sind etwas schwieriger.
Du musst selbst herausfinden,
welche du zuerst machen möchtest
oder schon verstehst.
Wenn du etwas noch nicht so gut kannst,
solltest du es sagen.
Denn nur so kann dir jemand helfen.

Manche Übungen sind lustig
und manche sind ernst.
Sie sind aber alle nur so lang,
dass du sie in einer bestimmten Zeit machen kannst.
Versuche also durchzuhalten,
wenn du dir ein Blatt vorgenommen hast.
Nur so lernst du etwas dabei.

Bei vielen Aufgaben musst du etwas ankreuzen,
etwas anmalen oder Linien ziehen.
Du brauchst also fast immer einen Bleistift
oder Buntstifte.
Lege sie dir bereit, bevor du mit dem Üben beginnst.

Wenn du eine Aufgabe gelöst hast,
kannst du hinten nachschauen,
ob du es richtig gemacht hast.
Hast du Fehler gemacht,
dann nimm dir die Übung noch einmal vor.

Und nun viel Spaß an der Arbeit!
Aber auch den nötigen Ernst!
Nur mit beidem hast du Erfolg.

Wo hörst du a – e – i – o – u ?

a

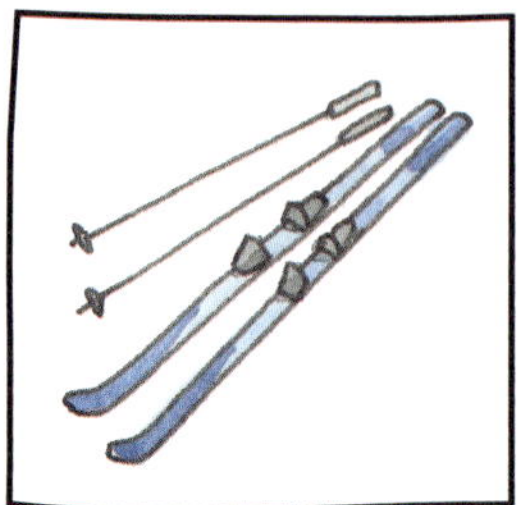

a
Schal
Schaf
Ball

e
Reh
Besen
Kerze

i
Pilz
Schi
Kiwi

o
Brot
Mond
Frosch

u
Hut
Schuh
Hund

Laute heraushören und eintragen. Passende Wörter unterstreichen

Wo hörst du au – ei – eu – ä – ö – ü ?

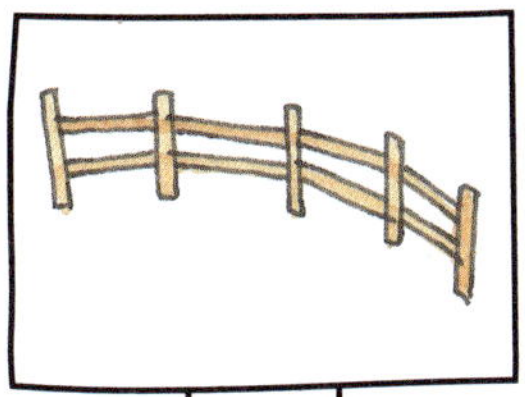

au

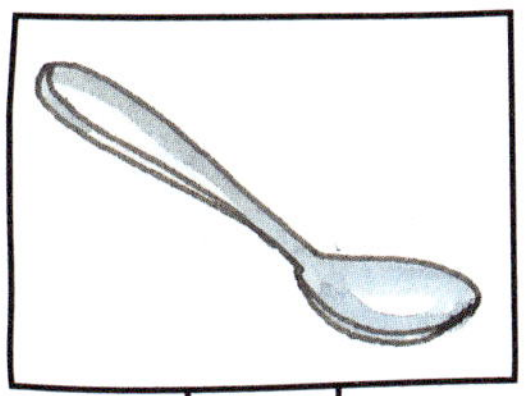

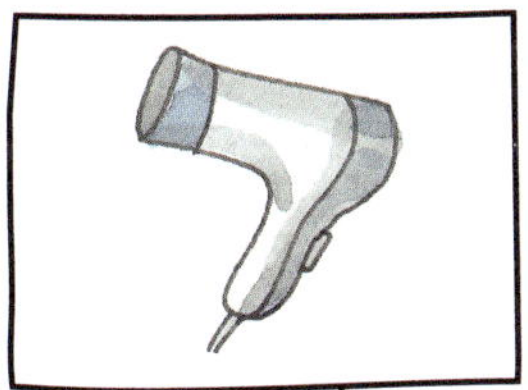

au
Haus
Maus
Zaun

ei
drei
zwei
Schwein

eu
neun
Feuer
Heu

ä
Bär
Käfer
Gänse

ö
Löwe
Föhn
Löffel

ü
Tür
grün
fünf

Laute heraushören und eintragen. Passende Wörter unterstreichen

Wo hörst du diesen Laut?

F	f	f

F		

K	k	k

 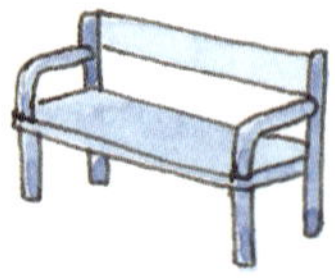 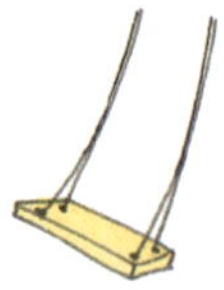 

L	l	l

M	m	m

N	n	n

T	t	t

   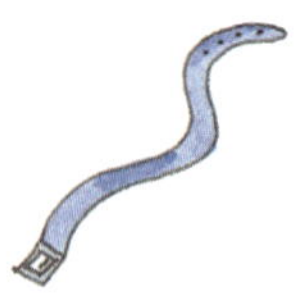

Was passt?

Flü
Flö
Frö

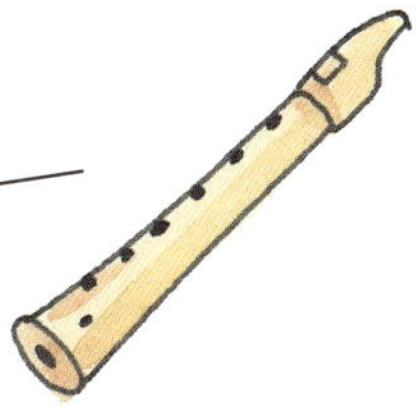

Kno
Klo
Kro

Flä
Blä
Glä

Bla
Fla
Pla

Schnei
Schwei
Schlei

Blu
Flu
Glu

Stie
Spei
Spie

Grei
Drei
Brei

Blau
Pfau
Pflau

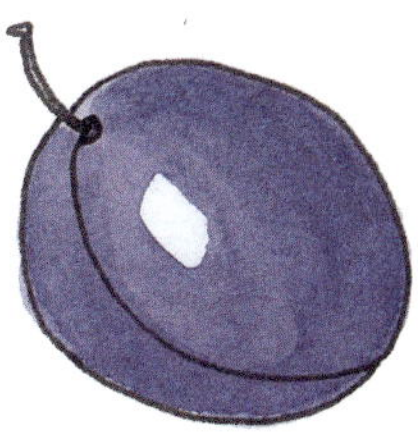

Schra
Stra
Spa

Wörter mit Sch/sch

Schl

Schn

Schm

Schr

Schw

St oder Sp?

St	inat	ern
Sp	inne	urm
St	ort	orch
Sp	iefel	iegel

St	ift	inne
Sp	uh	ort
St	atz	ein
Sp	echt	empel

Bingo

der	eine	er	und
oder	ein	die	sie
du	in	das	es
im	ist	ich	wir

in	den	wir	ist
die	der	das	und
ein	oder	eine	ich
du	er	es	sie

Zum Vorlesen:
der
die
das
und
oder
ein
eine
ich
du
er
sie
es
wir
ist
in
im
den

Welches Wort gehört zum Bild?

- [ ] Ameise
- [ ] Ananas
- [x] Ampel

- [ ] Nagel
- [ ] Nadel
- [ ] Nabel

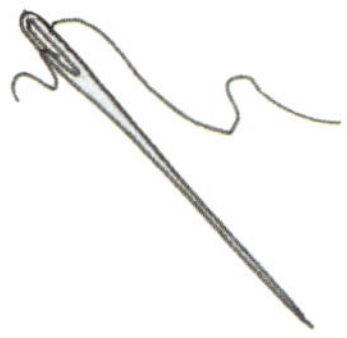

- [ ] Hase
- [ ] Hose
- [ ] Honig

- [ ] Popo
- [ ] Poster
- [ ] Polizist

- [ ] Mond
- [ ] Mund
- [ ] Maus

- [ ] Kirche
- [ ] Kissen
- [ ] Kirsche

- [ ] Lama
- [ ] Lamm
- [ ] Lampe

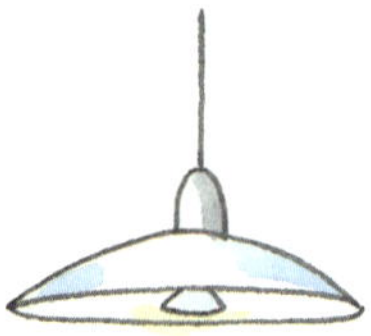

- [ ] Block
- [ ] Bruder
- [ ] Brot

- [ ] Rose
- [ ] Riese
- [ ] Raupe

- [ ] Stiefel
- [ ] Stift
- [ ] Stern

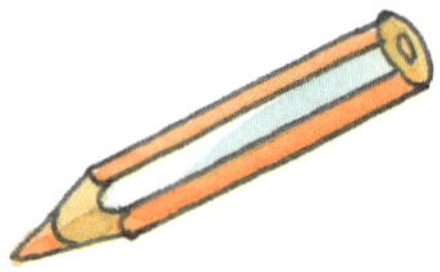

- [ ] Wal
- [ ] Wurm
- [ ] Wolf

- [ ] Geschenk
- [ ] Gesicht
- [ ] Gespenst

Welcher Satz gehört zum Bild?

☒ Das ist ein Dino.
☐ Das ist eine Dose.

☐ Das ist ein Netz.
☐ Das ist ein Nest.

☐ Das ist eine Nudel.
☐ Das ist eine Nadel.

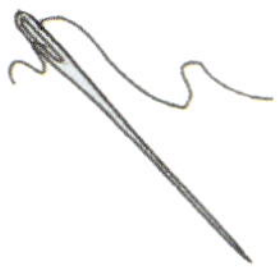

☐ Das ist eine Schaukel.
☐ Das ist eine Schaufel.

☐ Das ist ein Mund.
☐ Das ist ein Mond.

☐ Das ist eine Wurst.
☐ Das ist ein Wurm.

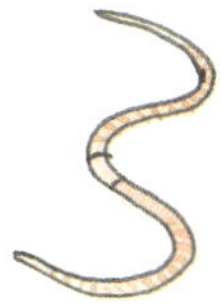

☐ Das ist eine Ampel.
☐ Das ist eine Amsel.

☐ Das ist ein Zweig.
☐ Das ist ein Zwerg.

☐ Das ist ein Hund.
☐ Das ist eine Hand.

☐ Das ist ein Euro.
☐ Das ist eine Eule.

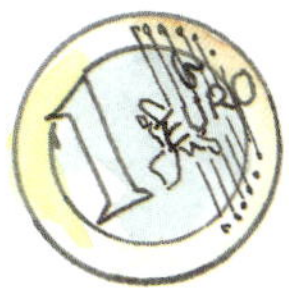

☐ Das ist ein Löffel.
☐ Das ist ein Löwe.

☐ Das ist ein Busch.
☐ Das ist ein Bus.

☐ Das ist eine Rassel.
☐ Das ist eine Ratte.

☐ Das ist ein Ziegel.
☐ Das ist eine Ziege.

☐ Das ist eine Tasche.
☐ Das ist eine Tasse.

☐ Das ist ein Pflaster.
☐ Das ist eine Pflanze.

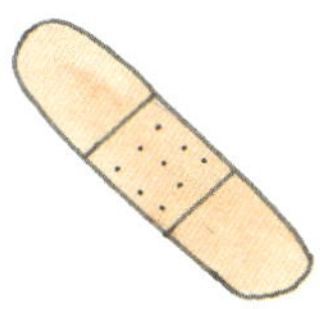

Was ist richtig?

- [ ] Die Rose ist rot.
- [x] Die Hose ist rot.
- [ ] Der Hase ist tot.

- [ ] Der Hund trinkt.
- [ ] Der Hund stinkt.
- [ ] Der Hund winkt.

- [ ] Majas Hase läuft.
- [ ] Majas Hase säuft.
- [ ] Majas Nase läuft.

- [ ] Die Rose liegt unter dem Tisch.
- [ ] Die Dose liegt unter dem Fisch.
- [ ] Die Hose fliegt unter den Tisch.

- [ ] Im Garten spielen drei Kinder.
- [ ] Im Garten spielen zwei Rinder.
- [ ] Im Garten spielen zwei Kinder.

- [ ] Hinter dieser Maus steht eine Laus.
- [ ] Hinter diesem Haus steht unser Klaus.
- [ ] In diesem Haus sieht man den Klaus.

Mit Wutz unterwegs

Wutz ist eine Hand.

☐ ja ☐ nein

Wutz ist ein Hund.

☐ ja ☐ nein

Wutz ist ein großer Hund.

☐ ja ☐ nein

Wutz hat ein braunes Fell
mit schwarzen Punkten.

☐ ja ☐ nein

Wutz läuft
auf einer grünen Wiese.

☐ ja ☐ nein

Er hat einen Knochen im Maul.

☐ ja ☐ nein

An seinem linken Hinterbein
hat er keine Punkte.

☐ ja ☐ nein

Vor ihm geht
sein Frauchen Laura.

☐ ja ☐ nein

Sie hat Wutz an der Leine.

☐ ja ☐ nein

Laura hat einen kleinen
roten Hut auf.

☐ ja ☐ nein

Immer andere Wörter

Tom liest alles mit o

Aus Rasen macht er Rosen.
Aus Hasen macht er Hosen.

Aus Kränen macht er Kronen.
Aus Bahnen macht er Bohnen.

Aus ah macht er oh,
und aus Papa macht er Popo.

Sarah liest alles mit a

Aus Riesen macht sie Rasen.
Aus Hosen macht sie Hasen.

Aus glotzen macht sie Glatzen.
Aus Spitzen macht sie Spatzen.

Aus oho macht sie aha.
Aus Popo macht sie Papa.

Käthe liest alles mit ä

Aus Wunde macht sie Wände.
Aus Hunde macht sie Hände.

Aus Böckchen macht sie Bäckchen.
Aus Söckchen macht sie Säckchen.

Aus muh macht sie mäh,
und aus buh macht sie bäh!

Leise durchlesen und dann die Kinder jeweils eine Zeile vorlesen lassen

Immer andere Wörter

Ulla liest alles mit u

Aus Bälle macht sie Bulle.
Aus Pelle macht sie Pulle.

Aus Grippe macht sie Gruppe.
Aus Pappe macht sie Puppe.

Aus nana macht sie nanu.
Aus haha macht sie huhu!

Ülkü liest alles mit ü

Aus Flosse macht sie Flüsse.
Aus Kasse macht sie Küsse.

Aus fehlen macht sie fühlen.
Aus wählen macht sie wühlen.

Aus froh macht sie früh,
und aus ho macht sie hü!

Friedolin liest alles mit ie

Aus Reise macht er Riese.
Aus Weise macht er Wiese.

Aus Scheine macht er Schiene.
Aus Beine macht er Biene.

Aus Leid macht er Lied
und aus Scheit: so ein Schiet!

Charlotte dreht alles um

Aus Glockenblumen macht sie Blumenglocken
und aus Brockenhexen – Hexenbrocken.

Aus Spatzendreck macht sie Dreckspatzen
und aus Katzenklo – Klokatzen.

Aus Flaschenkorken macht sie Korkenflaschen
und aus Taschentücher – Tüchertaschen.

Aus Bäckermeister macht sie Meisterbäcker
und aus Treckermotor – Motortrecker.

Aus Geisterstunden macht sie Stundengeister
und aus Meisterhexen – Hexenmeister.

Aus Ziegenbaby macht sie Babyziegen
und aus Fliegenflügel – Flügelfliegen.

Aus Bergfelsen macht sie Felsenberge
und aus Zwergenmützen – Mützenzwerge.

Aus Rasenblumen macht sie Blumenrasen
und aus Nasenpopel – Popelnasen.

Leise durchlesen, dann einzelne Kinder je eine Strophe vorlesen lassen

Die Hexe Berta

Die Hexe Berta lebt . . .
in einem Haus,
in einem Kuchenhaus,
in einem Pfefferkuchenhaus.

Die Hexe Berta schläft . . .
in einem Bett,
in einem Federbett,
in einem Federkissenbett.

Die Hexe Berta reitet . . .
auf ihrem Besen,
auf ihrem Rutenbesen,
auf ihrem Hexenrutenbesen.

Die Hexe Berta trinkt . . .
aus ihrer Flasche,
aus ihrer Trinkflasche,
aus ihrer Trankflasche,
aus ihrer Zaubertrankflasche.

Die Hexe Berta zaubert sich . . .
einen Kater,
einen Hexenkater,
einen Riesenhexenkater,
einen Riesenhexenkatermann,
. . . mit dem sie zur Mitternacht tanzen kann.

Den Kindern vorlesen, dann leise durchlesen
und die Kinder einzeln immer eine Zeile vorlesen lassen

Was ist hier richtig?

Das Pferd frisst gern

- [x] Hafer
- [ ] Knöpfe
- [x] Zucker
- [ ] Glas
- [x] Äpfel
- [x] Gras

Das Pferd frisst gern Hafer, ...

Der Bäcker verkauft

- [ ] Kerzen
- [ ] Brötchen
- [ ] Kuchen
- [ ] Schuhe
- [ ] Brezeln
- [ ] Brot

Ein Apfelbaum hat

- [ ] Wurzeln
- [ ] Nadeln
- [ ] Rinde
- [ ] Äste
- [ ] Räder
- [ ] Blätter

Im Wasser leben

- [ ] Hühner
- [ ] Seepferdchen
- [ ] Schmetterlinge
- [ ] Heringe
- [ ] Delfine
- [ ] Eisenbahnen

Wer oder was ist das?

Es ist rund.
Oft ist es weiß.
Man kann von ihm essen.

☐ Mond ☐ Ball ☒ Teller

Es ist sehr heiß.
Es ist sehr weit weg.
Es gibt uns Licht und Wärme.

☐ Tonne ☐ Sonne ☐ Suppe

Es ist groß.
Es fährt schnell.
Es hat vier Räder.

☐ Fahrrad ☐ Auge ☐ Auto

Es hängt am Baum.
Es ist gelb, rot und grün.
Es ist rund und lecker.

☐ Ball ☐ Affe ☐ Apfel

Es ist klein.
Es ist schnell.
Es ist grau, braun oder weiß.

☐ Mama ☐ Maus ☐ Mauer

Es ist wichtig für dich.
Jeder hat nur eins davon.
Du riechst damit.

☐ Nashorn ☐ Hase ☐ Nase

Was fehlt hier?

Der Ball ist rot.

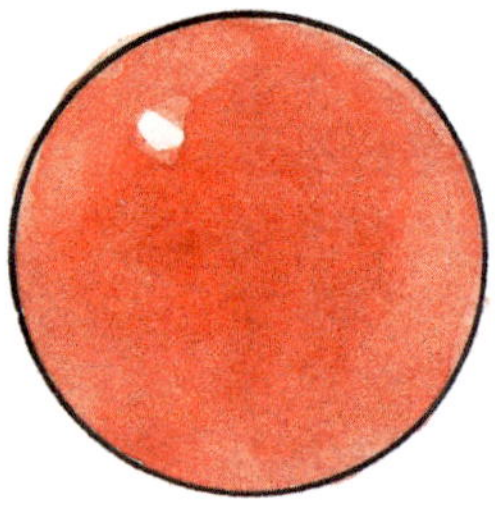

Der Kürbis
hat ein Gesicht.

Der Luchs steht
auf einem Stein.

Der Schmetterling
hat bunte Flügel.

Der Frosch hüpft
in die Pfütze.

Jonas lacht.

Das Schwein hat
Gummistiefel an.

Lena und Paul
springen
mit dem Seil.

Der Drache
spuckt Feuer.

Der Gorilla frisst
eine Banane.

Was fehlt hier?

Lotte spielt
mit einem Ball.

Da ist
ein bunter Hund.

Der Hase hat
eine rosa Nase.

Das Schaf
liegt im Bett.

Da ist ein Fisch
in der Wanne.

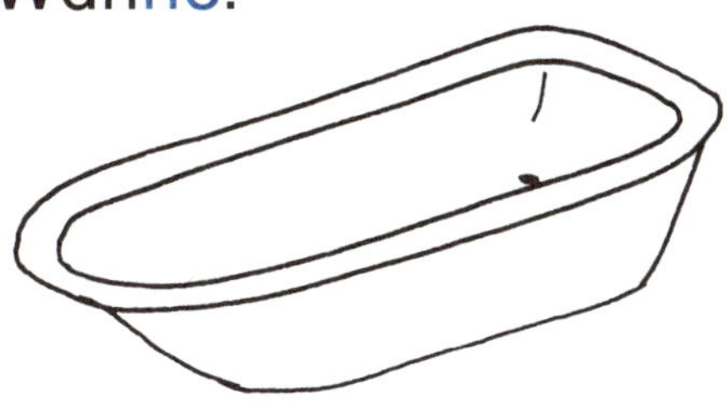

Da ist
ein Regenbogen.

Oma ist
im blauen Sessel.

Mara und Mira
essen ein Eis.

Linus fällt
über einen Ball.

Der Esel
hat einen Hut auf.

Wer lebt dort hinterm Berge?

Wer lebt dort hinterm Berge?
Wer springt über die Höhe?
Wo ist das Murmeltier?
Wer tobt dort auf den Wiesen?
Wer weiß wohl, was ich sehe?
Wen höre ich denn lachen?
Wen seh' ich denn da liegen?
Wer hat die dicksten Beine?
Wie sind die schönsten Witze?
Wer reitet hoch am Himmel?
Was machen dort die Ochsen?
Was können alle Katzen?

Riesen!
Zwerge!
Spitze!
Flöhe!
Schweine!
Rehe!
Hier!
Boxen!
Drachen!
Ziegen!
Kratzen!
Schimmel!

Partnerlesen: Reimwörter suchen. Ein Kind liest eine Frage, das andere sucht den Reim dazu

Zwerg und Riese

Oben auf dem großen Berg
saß ein winzig kleiner .

Und im Tal auf einer Wiese
lag ein dicker, großer .

Rief der Zwerg ins Tal hinab:
„Sieh, was ich hier Schönes !

Komm herauf, du dicker Wicht!“
Doch der Riese hört’ ihn ,

weil er grad’ im Grase schlief
und der Zwerg zu leise .

Ging das kleine Zwerglein munter
zu dem dicken Riesen .

Kitzelt an dem Bart vom Riesen,
und der musste furchtbar .

Das hat fürchterlich gepufft!
Und der Zwerg flog durch die .

Flog bis auf den Berg hinauf
und auf eine Tanne .

Blieb dort hängen in den Zweigen.
So konnt’ er dem Riesen nichts Schönes .

- Riese
- Zwerg
- rief
- hab’
- nicht
- drauf
- Luft
- zeigen
- runter
- niesen

Auf dem Schulweg

Es ist noch dunkel.
Lina kommt aus dem Haus.
An der Ampel sieht sie Tim stehen.
Er winkt ihr zu.
Lina und Tim wollen zusammen zur Schule gehen.
Es sind viele Autos auf der Straße.
Am Zebrastreifen passen sie besonders gut auf.
Vor der Schule wartet schon Lukas auf sie.
Seine gelbe Hose leuchtet richtig in der Dunkelheit.
Das sieht klasse aus.

1. Es regnet.
   ☐ ja ☒ nein

2. Lina sieht Tom an der Ampel stehen.
   ☐ ja ☐ nein

3. Lina und Tim wollen zusammen zur Schule gehen.
   ☐ ja ☐ nein

4. Sie rennen schnell über den Zebrastreifen.
   ☐ ja ☐ nein

5. Lukas ist nur schlecht zu sehen.
   ☐ ja ☐ nein

Wer hat Fritz Flinkefinger gesehen?

Der Dieb Fritz Flinkefinger
wird überall gesucht.

- Fritz trägt eine schwarze Mütze.
- Sein Haar ist blond.
- Er hat einen langen Bart.
- Seine Augen sind blau.
- Unter einem Auge hat er eine lange Narbe.
- Er hat ein rotes Hemd an.
- Fritz trägt grüne Hosenträger.
- Seine Hose hat zwei Löcher.
- Sie ist blau.
- Er trägt gelbe Schuhe.

Wer Fritz sieht,
meldet sich bitte bei der Polizei.

Das Mädchen und der Feigling

das Mäd	ling
der Feig	heit
die Frech	chen
der Lieb	ling
die Faul	chen
das Päck	heit
die Krank	chen
das Mär	ling
der Sper	heit
der Zwil	chen
die Dumm	ling
das Kanin	heit
das Schwein	ling
der Feig	heit
die Frei	chen

die Äug	er
der Satt	lein
der Bäck	el
der Zett	er
das Zwerg	el
der Lutsch	lein
der Fleisch	el
die Wurz	lein
das Kind	er
der Hamm	er
das Ring	el
der Purz	lein
das Tisch	er
die Schacht	lein
der Jäg	el

Tolle Tiere

Ele	we
Kroko	gei
Pin	bra
Lö	fant
Ze	dil
Papa	guin
Ra	kan
Peli	be

Der Elefant ______ ist dick und grau.

Der ______ hat bunte Federn.

Das ______ hat weiße und schwarze Streifen.

Das ______ hat ein großes Maul mit spitzen Zähnen.

Der ______ lebt in Eis und Schnee.

Der ______ ist eine Raubkatze.

Der ______ ist ein schwarzer Vogel.

Der ______ fängt Fische in seinem riesigen Schnabel.

Auf Bauer Brunos Bauernhof

1 Lies und male an.

ein kleiner Hund ✓ zwei rosa Schweine ein bunter Hahn

eine schwarze Katze drei braune Hühner

ein grüner Traktor

ein weißes Pferd mit schwarzen Punkten fünf graue Mäuse

ein Mädchen, das sich versteckt

der Bauer mit einer braunen Kuh

Text- und Bildinformationen vergleichen. Passende Bilder ausmalen

Auf dem Schulhof

1. ☒ Auf dem Hof sind zwölf Kinder.
   ☐ Alle Kinder essen Eis.
   ☐ Vier Kinder spielen mit dem Seil.
   ☐ Fünf Kinder sitzen auf der Bank.
   ☐ An der Tür steht eine Lehrerin.
   ☐ Auf dem Hof gibt es einen Baum.
   ☐ Die Kinder hören Radio.
   ☐ Drei Kinder turnen auf dem Klettergerüst.

2. Auf dem Schulhof gibt es drei / keine Pferde.

   Zwei / Sieben Kinder spielen im Sand.

3. „Jetzt will ich auch endlich springen!"
   Welches Kind sagt das wohl?
   Kreise das Kind im Bild ein.

Im Zoo

Warst du schon einmal im Zoo?	Ja, ich war schon einmal im Zoo.
Haben dir die Elefanten auch so gut gefallen?	Ja, mir haben die Elefanten auch gut gefallen.
Die trompeten immer so laut.	Und spritzen mit Wasser.
Hast du gesehen, wie riesig die Giraffen sind?	Ja, ich habe gesehen, wie riesig die Giraffen sind.
Und warst du auch bei den Löwen?	Ja, ich war auch bei den Löwen.
Haben sie denn auch gebrüllt?	Nein, sie lagen nur faul herum.
Hast du auch die Riesenschlange gesehen?	Nein, die Riesenschlange habe ich nicht gesehen.
Und haben dir die Pinguine auch am besten gefallen?	Nein, mir haben die Affen am besten gefallen.
Nächstes Mal sehe ich mir die Eisbären an.	Und ich die Riesenschlange.

Lesen mit Partnerin oder Partner:
Ein Kind liest den Text links, das andere den Text rechts

Das Meerschweinchen Max

Ich habe ein Meerschweinchen.	Du hast ein Meerschweinchen.
Es gehört mir ganz allein.	Es gehört dir ganz allein.
Mein Meerschweinchen heißt Max.	Dein Meerschweinchen heißt Max.
Ich habe einen Stall für Max.	Du hast einen Stall für Max.
Manchmal lasse ich Max heraus.	Manchmal lässt du Max heraus.
Dann spiele ich mit ihm.	Dann spielst du mit ihm.
Manchmal lasse ich ihn auch herumlaufen.	Manchmal lässt du ihn auch herumlaufen.
Danach setze ich ihn wieder in sein Ställchen.	Danach setzt du ihn wieder in sein Ställchen.
Dann füttere ich ihn.	Dann fütterst du ihn.
Meistens gebe ich ihm Salat.	Meistens gibst du ihm Salat.
Ich mache auch regelmäßig seinen Stall sauber.	Du machst auch regelmäßig seinen Stall sauber.
Ich bin nämlich ganz allein für Max verantwortlich.	Du bist nämlich ganz allein für Max verantwortlich.
Das ist toll!	Ja, das finde ich auch!

Lesen mit Partner oder Partnerin:
Ein Kind liest den Text links, das andere den Text rechts

Wie heißt mein Tier?

1 Dies sind die Tiere:

der Specht

die Biene

der Frosch

die Schnecke

Mein Tier kann fliegen.
Es lebt mit vielen anderen zusammen.
Das Tier fliegt von Blüte zu Blüte.
Es sammelt Honig.

Es ist die Biene.

Mein Tier kann auch fliegen.
Es hat einen starken Schnabel,
mit dem hämmert es eine Höhle in den Baum.
Es legt seine Eier in die Höhle.

Es ______________________________.

Mein Tier lebt im Teich.
Es kann weit springen.
Es macht Töne, die man schon von fern hören kann.
Dafür hat es immer eine kleine Trompete dabei.

Es ____.

Marie

Daniel

Mein Tier lebt auf Wiesen, Feldern und in Gärten.
Sein Körper ist immer feucht,
auch wenn es nicht regnet.
Es trägt ein rundes Haus mit sich herum.

____.

Ich glaube,
ein Kind spinnt
ein bisschen!

2 Wen meint der Frosch? ______________________________.

Mein Tageslauf

Am Morgen

☐ Nun wasche ich mich.

1 Ich wache auf.

2 Dann stehe ich auf.

☐ Ich nehme meine Schultasche.

☐ Jetzt frühstücken wir.

Am Nachmittag

☐ Nun räume ich den Teller ab.

3 Jetzt mache ich meine Hausaufgaben.

☐ Ich sitze am Tisch und esse.

☐ Zum Abendessen gehe ich wieder nach Hause.

☐ Dann gehe ich mit meinen Freunden spielen.

Am Abend

☐ Ich esse Abendbrot.

☐ Danach spiele ich mit meiner Schwester Karten.

3 Ich wasche mich, putze die Zähne und gehe ins Bett.

☐ Ich drehe mich um und schlafe ein.

☐ Mein Papa liest mir noch etwas vor.

Schläfst du schon?

Hallo!

Hörst du mich?

Du hörst mich ja doch!

Weil du nein gesagt hast.

Ich will etwas wissen.

Schläfst du schon?

Ob du schon schläfst?

Könnte doch sein!

Und warum nicht?

(Pause)

Ich kann nicht einschlafen!

Schläfst du jetzt?

Kann gar nicht sein!

Du sprichst ja noch.

Ich spreche auch nur im Schlaf.

Schläfst du schon?

Was ist denn?

Nein!

Wieso?

Was willst du denn?

Was denn?

Bitte?

Sag mal, spinnst du?

Ich schlafe aber nicht!

Weil du mich aufgeweckt hast.

(Pause)

Chchchch . . .

Ja.

Wieso nicht?

Lass mich in Ruhe! Ich spreche im Schlaf.

Dann schlaf gut weiter!

Oh, diese Unordnung!

Der Stuhl steht

- [ ] hinter dem Schrank.
- [ ] auf dem Schrank.
- [x] im Schrank.
- [ ] neben dem Schrank.

Der Stuhl steht ______________________________ .

Der Ball liegt

- [ ] unter dem Schreibtisch.
- [ ] neben dem Schreibtisch.
- [ ] auf dem Schreibtisch.
- [ ] im Meerschweinchenkäfig.

______________________________ .

Das Meerschweinchen sitzt

- [ ] unter seinem Käfig.
- [ ] in seinem Käfig.
- [ ] hinter dem Papierkorb.
- [ ] auf seinem Käfig.

______________________________ .

In der Schule

Ich gehe gern zur Schule,
denn

- [X] dort lerne ich viel.
- [ ] ich habe dort immer Angst.
- [X] meine Lehrerin ist nett.

Ich habe gern Sport,
weil

- [ ] ich gern turne.
- [ ] wir oft Ball spielen.
- [ ] die anderen Kinder mich umrennen.

Ich gehe gern in die Pause,
aber

- [ ] sie ist immer so schnell zu Ende.
- [ ] nur bei schönem Wetter.
- [ ] ich mag sie nicht.
- [ ] oft ist es mir zu laut.

Ich habe meine Hausaufgaben vergessen,
trotzdem

- [ ] kann ich gut mitarbeiten.
- [ ] muss ich sie nachholen.
- [ ] habe ich mein Heft verloren.
- [ ] ist meine Lehrerin nett zu mir.

Kinder in unserer Klasse

Niklas trägt einen roten Pulli.
Julia hat blonde Haare. Ihre Brille ist rot.
Fatimas Jacke ist rosa.
Daniel trägt gelbe Stiefel. Seine Hose ist blau.
Ida ist ganz grün angezogen.
Enes hat eine dunkelgraue Hose an.
Nina hat einen braunen Zopf.

1 Male Irina. Sie hat einen Regenschirm dabei.
Male Uwe. Er trägt eine rote Mütze.
Ein Mädchen darf morgens eine Sache nicht vergessen,
sonst kann sie in der Schule nicht gut sehen.

Wer ist es? ________________________________

Sinn oder Unsinn?

	Sinn	Unsinn
Ein Bus hat Scheinwerfer.	X	☐
Jeder Vogel trägt einen Helm.	☐	X
Eine Laterne hat vier Beine.	☐	☐
Drei Kühe haben zwölf Beine.	☐	☐

Der Hirsch lebt im Wald.	☐	☐
Mein Stiefel hat Hunger.	☐	☐
Ein Regenschirm braucht Benzin.	☐	☐
Eine Mütze wärmt meine Ohren.	☐	☐

Eine Spinne trägt Stiefel.	☐	☐
Ein Stein ist schwer.	☐	☐
Ein Elefant hat keinen Stachel.	☐	☐
Am Himmel gibt es nur neun Sterne.	☐	☐

In der Bäckerei kauft man Fahrräder.	☐	☐
Unter Wasser essen wir Himbeereis.	☐	☐
Manchmal bekommt man Geschenke.	☐	☐
Die Kinder lesen in der Schule.	☐	☐

Berufe

1 Schreibe die Buchstaben zu den Sätzen.
Von oben nach unten erhältst du ein Lösungswort.

Gregor will Koch werden.	Z
Fatima will Ärztin werden.	
Jonas will Musiker werden.	
Anna will Malerin werden.	
Leon will Rennfahrer werden.	
Olga will Reiterin werden.	
Murat will Frisör werden.	
Lea will Fotografin werden.	
Daniel will Sänger werden.	
Susi will Pilotin werden.	
Enes will Bäcker werden.	
Eylem will Gärtnerin werden.	
Paul will Tierpfleger werden.	
Lara will Artistin werden.	

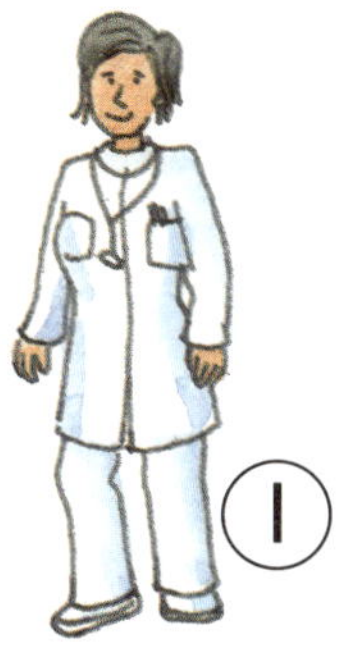

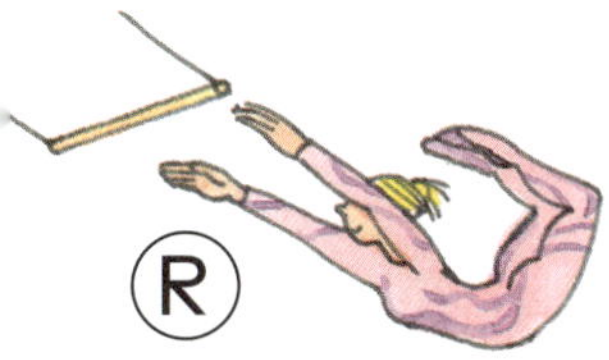

Lösung: ______________________________

Gespenster

Vor dem Hause unterm Fenster
spuken Geister und Gespenster.

Vor dem Haustor unterm Fenstor
spuken Geistor und Gespenstor.

Vor dem Hausung unterm Fenstung
spuken Geistung und Gespenstung.

Vor dem Hauslein unterm Fenstlein
spuken Geistlein und Gespenstlein.

Vor dem Hausus unterm Fenstus
spuken Geistus und Gespenstus.

Vor dem Hauschen unterm Fenstchen
spuken Geistchen und Gespenstchen.

Ich mach' Tür und Fenster zu.
Lasst mich endlich doch in Ruh!

Lesen im Chor: Den Kindern vorlesen, leise durchlesen lassen, dann mit den Kindern im Sprechchor lesen

Vorlesen mit Gefühl!

Sehr krank oder sehr böse

Worki, schnorki,
wiedulu,
timper, tamper,
hampeldu.
Ich hab üne grüte Blähe.
Kommer nich in müne Nähe!

Zum Lachen

Friedolün und Mokelbeck
fielen in den Pfutzendreck.
Als sie wieder rausgekraxt,
haben sie sich krummgelaxt.

Das geschieht ihm recht!

Unser Dackel Fiedolo
ging einmal aufs Schratzenklo.
Hat die Schratze ihn gefatzt
und ihn gleich davongejatzt.

Fantasiewörter lesen: Den Kindern vorlesen. Im Sprechchor lesen. Einzeln vorlesen lassen

Seite 4

Wo hörst du a – e – i – o – u ?

a	e	a
i	o	o
u	a	i
o	u	e
u	i	e

a
Schal
Schaf
Ball

e
Reh
Besen
Kerze

i
Pilz
Schi
Kiwi

o
Brot
Mond
Frosch

u
Hut
Schuh
Hund

Laute heraushören und eintragen. Passende Wörter unterstreichen

Seite 5

Wo hörst du au – ei – eu – ä – ö – ü ?

au	ö	au
ö	eu	ä
ü	ä	ei
ü	ö	ä
au	ei	eu
ü	ei	eu

au
Haus
Maus
Zaun

ei
drei
zwei
Schwein

eu
neun
Feuer
Heu

ä
Bär
Käfer
Gänse

ö
Löwe
Föhn
Löffel

ü
Tür
grün
fünf

Laute heraushören und eintragen. Passende Wörter unterstreichen

Seite 6

Wo hörst du diesen Laut?

F f f	F _ _	_ _ f	F _ _	_ f _
K k k	K _ _	_ _ k	_ k _	K k _
L l l	_ _ l	_ l _	L _ _	_ f _
M m m	M _ _	_ m _	_ _ m	_ m _
N n n	N _ _	_ _ n	_ n _	_ _ n
T t t	_ t _	T _ _	_ _ t	_ t _

Anlaute, Inlaute und Endlaute heraushören und eintragen

Seite 7

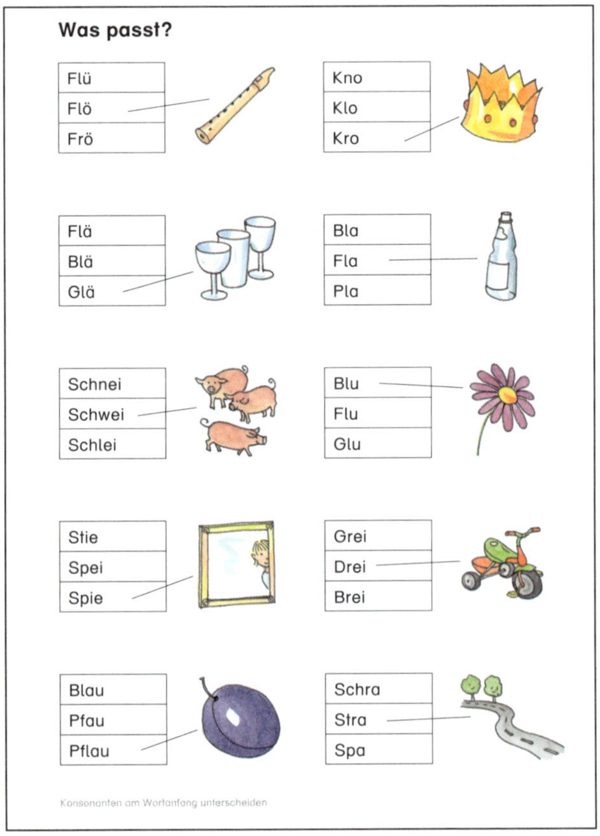

Was passt?

Flü
Flö
Frö

Kno
Klo
Kro

Flä
Blä
Glä

Bla
Fla
Pla

Schnei
Schwei
Schlei

Blu
Flu
Glu

Stie
Spei
Spie

Grei
Drei
Brei

Blau
Pfau
Pflau

Schra
Stra
Spa

Konsonanten am Wortanfang unterscheiden

Seite 8

Wörter mit Sch/sch

Schl – Schn – Schm – Schr – Schw

St oder Sp?

St – inat / ern	St – ift / inne
Sp – inne / urm	Sp – uh / ort
St – ort / orch	St – atz / ein
Sp – iefel / iegel	Sp – echt / empel

Konsonanten am Wortanfang unterscheiden

Seite 9

Bingo

Drei Kinder spielen. Jedes Kind hat 16 Spielfiguren, um sie auf die Felder legen zu können.
Ein Kind nimmt das obere Spielfeld.
Das zweite Kind spielt auf dem unteren Spielfeld.
Das dritte Kind ist die Spielleiterin oder der Spielleiter.
Es liest den anderen die Wörter am Rand vor.
Die Reihenfolge ist beliebig.
Jedes Wort wird nur einmal vorgelesen.
Wenn die anderen Kinder ein vorgelesenes Wort auf ihrem Feld entdecken, legen sie etwas auf dieses Feld.
Bei vier Dingen in einer Reihe ruft man „Bingo".
Dann hat man das Spiel gewonnen.
Eine neue Runde beginnt.

Beispiele für Bingos:

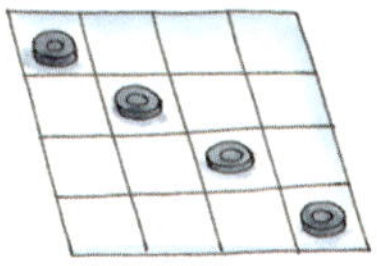

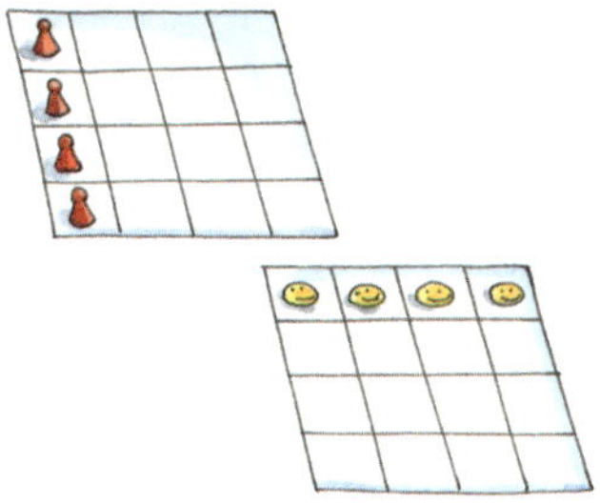

Wortbilder erkennen – Anleitung im Lösungsteil

Seite 10

Welches Wort gehört zum Bild?

- [ ] Ameise
- [ ] Ananas
- [x] Ampel

- [ ] Nagel
- [x] Nadel
- [ ] Nabel

- [ ] Hase
- [x] Hose
- [ ] Honig

- [ ] Popo
- [ ] Poster
- [x] Polizist

- [ ] Mond
- [ ] Mund
- [x] Maus

- [ ] Kirche
- [ ] Kissen
- [x] Kirsche

- [ ] Lama
- [ ] Lamm
- [x] Lampe

- [ ] Block
- [ ] Bruder
- [x] Brot

- [x] Rose
- [ ] Riese
- [ ] Raupe

- [ ] Stiefel
- [x] Stift
- [ ] Stern

- [ ] Wal
- [ ] Wurm
- [x] Wolf

- [ ] Geschenk
- [ ] Gesicht
- [x] Gespenst

Wort-Bild-Zuordnung

Seite 11

Welcher Satz gehört zum Bild?

- [x] Das ist ein Dino.
- [ ] Das ist eine Dose.

- [ ] Das ist ein Netz.
- [x] Das ist ein Nest.

- [ ] Das ist eine Nudel.
- [x] Das ist eine Nadel.

- [x] Das ist eine Schaukel.
- [ ] Das ist eine Schaufel.

- [ ] Das ist ein Mund.
- [x] Das ist ein Mond.

- [ ] Das ist eine Wurst.
- [x] Das ist ein Wurm.

- [x] Das ist eine Ampel.
- [ ] Das ist eine Amsel.

- [ ] Das ist ein Zweig.
- [x] Das ist ein Zwerg.

- [x] Das ist ein Hund.
- [ ] Das ist eine Hand.

- [x] Das ist ein Euro.
- [ ] Das ist eine Eule.

- [ ] Das ist ein Löffel.
- [x] Das ist ein Löwe.

- [ ] Das ist ein Busch.
- [x] Das ist ein Bus.

- [ ] Das ist eine Rassel.
- [x] Das ist eine Ratte.

- [ ] Das ist ein Ziegel.
- [x] Das ist eine Ziege.

- [ ] Das ist eine Tasche.
- [x] Das ist eine Tasse.

- [x] Das ist ein Pflaster.
- [ ] Das ist eine Pflanze.

Satz-Bild-Zuordnung

Seite 12

Was ist richtig?

- [ ] Die Rose ist rot.
- [X] Die Hose ist rot.
- [ ] Der Hase ist tot.

- [ ] Der Hund trinkt.
- [ ] Der Hund stinkt.
- [X] Der Hund winkt.

- [X] Majas Hase läuft.
- [ ] Majas Hase säuft.
- [ ] Majas Nase läuft.

- [ ] Die Rose liegt unter dem Tisch.
- [X] Die Dose liegt unter dem Fisch.
- [ ] Die Hose fliegt unter den Tisch.

- [ ] Im Garten spielen drei Kinder.
- [ ] Im Garten spielen zwei Rinder.
- [X] Im Garten spielen zwei Kinder.

- [ ] Hinter dieser Maus steht eine Laus.
- [ ] Hinter diesem Haus steht unser Klaus.
- [X] In diesem Haus sieht man den Klaus.

Satz-Bild-Zuordnung

Seite 13

Mit Wutz unterwegs

Wutz ist eine Hand.
[ ] ja [X] nein

Wutz ist ein Hund.
[X] ja [ ] nein

Wutz ist ein großer Hund.
[X] ja [ ] nein

Wutz hat ein braunes Fell mit schwarzen Punkten.
[X] ja [ ] nein

Wutz läuft auf einer grünen Wiese.
[ ] ja [X] nein

Er hat einen Knochen im Maul.
[ ] ja [X] nein

An seinem linken Hinterbein hat er keine Punkte.
[ ] ja [X] nein

Vor ihm geht sein Frauchen Laura.
[X] ja [ ] nein

Sie hat Wutz an der Leine.
[ ] ja [X] nein

Laura hat einen kleinen roten Hut auf.
[ ] ja [X] nein

Text- und Bildinformationen vergleichen

Seite 18

Was ist hier richtig?

Das Pferd frisst gern Hafer, Zucker, Äpfel, Gras.
Der Bäcker verkauft Brötchen, Kuchen, Brezeln, Brot.
Der Apfelbaum hat Wurzeln, Rinde, Äste, Blätter.
Im Wasser leben Seepferdchen, Heringe, Delfine.

Seite 19

Wer oder was ist das?

Es ist rund.
Oft ist es weiß.
Man kann von ihm essen.
[ ] Mond [ ] Ball [X] Teller

Es ist sehr heiß.
Es ist sehr weit weg.
Es gibt uns Licht und Wärme.
[ ] Tonne [X] Sonne [ ] Suppe

Es ist groß.
Es fährt schnell.
Es hat vier Räder.
[ ] Fahrrad [ ] Auge [X] Auto

Es hängt am Baum.
Es ist gelb, rot und grün.
Es ist rund und lecker.
[ ] Ball [ ] Affe [X] Apfel

Es ist klein.
Es ist schnell.
Es ist grau, braun oder weiß.
[ ] Mama [X] Maus [ ] Mauer

Es ist wichtig für dich.
Jeder hat nur eins davon.
Du riechst damit.
[ ] Nashorn [ ] Hase [X] Nase

Genaues Lesen, Informationen ermitteln

Seite 24

Auf dem Schulweg

Es ist noch dunkel.
Lina kommt aus dem Haus.
An der Ampel sieht sie Tim stehen.
Er winkt ihr zu.
Lina und Tim wollen zusammen zur Schule gehen.
Es sind viele Autos auf der Straße.
Am Zebrastreifen passen sie besonders gut auf.
Vor der Schule wartet schon Lukas auf sie.
Seine gelbe Hose leuchtet richtig in der Dunkelheit.
Das sieht klasse aus.

1. Es regnet.
   [ ] ja [X] nein
2. Lina sieht Tom an der Ampel stehen.
   [ ] ja [X] nein
3. Lina und Tim wollen zusammen zur Schule gehen.
   [X] ja [ ] nein
4. Sie rennen schnell über den Zebrastreifen.
   [ ] ja [X] nein
5. Lukas ist nur schlecht zu sehen.
   [ ] ja [X] nein

Fragen zu einer Geschichte beantworten

Seite 26

Das Mädchen und der Feigling

das Mädchen, der Feigling, die Frechheit
der Liebling, die Faulheit, das Päckchen
die Krankheit, das Märchen, der Sperling
der Zwilling, die Dummheit, das Kaninchen
das Schweinchen, der Feigling, die Freiheit

die Äuglein, der Sattel, der Bäcker,
der Zettel, das Zwerglein, der Lutscher
der Fleischer, die Wurzel, das Kindlein
der Hammer, das Ringlein, der Purzel
das Tischlein, die Schachtel, der Jäger

Seite 27

Tolle Tiere

Ele	we
Kroko	gei
Pin	bra
Lö	fant
Ze	dil
Papa	guin
Ra	kan
Peli	be

Der Elefant ist dick und grau.

Der Papagei hat bunte Federn.

Das Zebra hat weiße und schwarze Streifen.

Das Krokodil hat ein großes Maul mit spitzen Zähnen.

Der Pinguin lebt in Eis und Schnee.

Der Löwe ist eine Raubkatze.

Der Rabe ist ein schwarzer Vogel.

Der Pelikan fängt Fische in seinem riesigen Schnabel.

Teile von Wörtern zusammensetzen und Wörter im Satzzusammenhang ergänzen und eintragen

Seite 28

Auf Bauer Brunos Bauernhof

1. Lies und male an.

ein kleiner Hund ✓ zwei rosa Schweine ✓ ein bunter Hahn ✓
eine schwarze Katze ✓ drei braune Hühner ✓
ein grüner Traktor ✓
ein weißes Pferd mit schwarzen Punkten ✓ fünf graue Mäuse ✓
ein Mädchen, das sich versteckt ✓
der Bauer mit einer braunen Kuh ✓

Text- und Bildinformationen vergleichen. Passende Bilder ausmalen

Seite 32 / 33

Wie heißt mein Tier?

Murat: Es ist die Biene.
Jasmin: Es ist der Specht.
Daniel: Es ist der Frosch.
Marie: Es ist die Schnecke.

Der Frosch meint Daniel.

Seite 29

Auf dem Schulhof

1.
- [x] Auf dem Hof sind zwölf Kinder.
- [ ] Alle Kinder essen Eis.
- [x] Vier Kinder spielen mit dem Seil.
- [ ] Fünf Kinder sitzen auf der Bank.
- [x] An der Tür steht eine Lehrerin.
- [x] Auf dem Hof gibt es einen Baum.
- [ ] Die Kinder hören Radio.
- [x] Drei Kinder turnen auf dem Klettergerüst.

2. Auf dem Schulhof gibt es drei / keine Pferde.

Zwei / Sieben Kinder spielen im Sand.

3. „Jetzt will ich auch endlich springen!" Welches Kind sagt das wohl? Kreise das Kind im Bild ein.

Text- und Bildinformationen vergleichen
Fragen beantworten

Seite 34

Mein Tageslauf

Am Morgen

3	Nun wasche ich mich.
1	Ich wache auf.
2	Dann stehe ich auf.
5	Ich nehme meine Schultasche.
4	Jetzt frühstücken wir.

Am Nachmittag

2	Nun räume ich den Teller ab.
3	Jetzt mache ich meine Hausaufgaben.
1	Ich sitze am Tisch und esse.
5	Zum Abendessen gehe ich wieder nach Hause.
4	Dann gehe ich mit meinen Freunden spielen.

Am Abend

1	Ich esse Abendbrot.
2	Danach spiele ich mit meiner Schwester Karten.
3	Ich wasche mich, putze die Zähne und gehe ins Bett.
5	Ich drehe mich um und schlafe ein.
4	Mein Papa liest mir noch etwas vor.

Reihenfolge der Sätze in einem Text ermitteln

Seite 37

Oh, diese Unordnung

Der Stuhl steht im Schrank.
Der Ball liegt auf dem Schreibtisch.
Das Meerschweinchen sitzt hinter dem Papierkorb.

Seite 38

In der Schule

Ich gehe gern zur Schule,
denn

- [x] dort lerne ich viel.
- [ ] ich habe dort immer Angst.
- [x] meine Lehrerin ist nett.

Ich habe gern Sport,
weil

- [x] ich gern turne.
- [x] wir oft Ball spielen.
- [ ] die anderen Kinder mich umrennen.

Ich gehe gern in die Pause,
aber

- [x] sie ist immer so schnell zu Ende.
- [x] nur bei schönem Wetter.
- [ ] ich mag sie nicht.
- [x] oft ist es mir zu laut.

Ich habe meine Hausaufgaben vergessen,
trotzdem

- [x] kann ich gut mitarbeiten.
- [ ] muss ich sie nachholen.
- [ ] habe ich mein Heft verloren.
- [x] ist meine Lehrerin nett zu mir.

Sätze folgerichtig fortsetzen

Seite 39

Kinder in unserer Klasse

Niklas trägt einen roten Pulli.
Julia hat blonde Haare. Ihre Brille ist rot.
Fatimas Jacke ist rosa.
Daniel trägt gelbe Stiefel. Seine Hose ist blau.
Ida ist ganz grün angezogen.
Enes hat eine dunkelgraue Hose an.
Nina hat einen braunen Zopf.

Male Irina. Sie hat einen Regenschirm dabei.
Male Uwe. Er trägt eine rote Mütze.
Ein Mädchen darf morgens eine Sache nicht vergessen, sonst kann sie in der Schule nicht gut sehen.

Wer ist es? Es ist Julia.

Text- und Bildinformationen vergleichen
Bild nach Vorgaben ergänzen

Seite 40

Sinn oder Unsinn?

	Sinn	Unsinn
Ein Bus hat Scheinwerfer.	X	
Jeder Vogel trägt einen Helm.		X
Eine Laterne hat vier Beine.		X
Drei Kühe haben zwölf Beine.	X	

	Sinn	Unsinn
Der Hirsch lebt im Wald.	X	
Mein Stiefel hat Hunger.		X
Ein Regenschirm braucht Benzin.		X
Eine Mütze wärmt meine Ohren.	X	

	Sinn	Unsinn
Eine Spinne trägt Stiefel.		X
Ein Stein ist schwer.	X	
Ein Elefant hat keinen Stachel.	X	
Am Himmel gibt es nur neun Sterne.		X

	Sinn	Unsinn
In der Bäckerei kauft man Fahrräder.		X
Unter Wasser essen wir Himbeereis.		X
Manchmal bekommt man Geschenke.	X	
Die Kinder lesen in der Schule.	X	

Sinn- und Unsinnsätze unterscheiden

Seite 41

Berufe

Schreibe die Buchstaben zu den Sätzen.
Von oben nach unten erhältst du ein Lösungswort.

Gregor will Koch werden.	Z
Fatima will Ärztin werden.	I
Jonas will Musiker werden.	R
Anna will Malerin werden.	K
Leon will Rennfahrer werden.	U
Olga will Reiterin werden.	S
Murat will Frisör werden.	D
Lea will Fotografin werden.	I
Daniel will Sänger werden.	R
Susi will Pilotin werden.	E
Enes will Bäcker werden.	K
Eylem will Gärtnerin werden.	T
Paul will Tierpfleger werden.	O
Lara will Artistin werden.	R

Lösung: ZIRKUSDIREKTOR

Satz- und Bildinformationen vergleichen